CONTENTS

POPULISMO: O CORROSIVO DA DEMOCRACIA

FERNANDO FLORA

Este ensaio é dedicado ao dr.Rowilson Flora, meu pai, um Rotariano carismático e apolítico.

PRÓLOGO

Neste pequeno ensaio, iremos apresentar uma interpretação heterodoxa, especulativa, do fenômeno social do populismo. Limitar-nos-emos à América Latina, embora na hora atual este fenômeno não esteja limitado a ela. Na história política recente, o Brasil teve como presidentes carismáticos Jânio Quadros, Collor de Mello, Lula e Jair Bolsonaro. Também abordaremos o presidente mexicano López Obrador (AMLO). Vamos nos concentrar nos dois últimos, por serem um o antípoda do outro e terem trajetórias ainda em curso. AMLO pode ser comparado à Lula, ambos populistas de esquerda.

O que todos estes líderes têm em comum, numa primeira aproximação? São carismáticos, no sentido de basicamente despertarem emoções e sentimentos no eleitorado. Todos encarnam, simbolicamente, a figura do pai. Isto nos dá uma direção a seguir.

O mergulho que faremos neste assunto fascinante (e atual), irá a profundidades cada vez maiores: na superfície, Claude Lefort e a questão da democracia, Enrique Krauser e o conceito contemporâneo de populismo; numa mais abaixo, Thomas Carlyle e o Herói na História. Por último, numa profundidade de visibilidade precária, a "arqueologia" do populismo, através de Freud e a horda primitiva e Vico e a sociedade bárbara.

Em relação a esses últimos autores, que elaboram sobre períodos tão recuados da Humanidade, aplica-se a frase de Hobbes: "Filosofia é.... Conhecimento adquirido Raciocinando. "(Leviathan, p.367)[1].

Nossa inspiração e nosso guia serão o mexicano Enrique Krauser, jornalista, ensaísta e historiador.

FERNANDO FLORA

Embarquemos nesse barco.

A QUESTÃO DA DEMOCRACIA

Claude Lefort, em "la question de la démocracie"[2], artigo de filosofia política, repensa a democracia. Parte de Tocqueville, que estabelecia a democracia como sociedade emergindo do Antigo Regime, o aristocrático. Avançava que a democracia estabelecia, por lei, que o poder estava submetido à vontade coletiva e se libertava do arbitrário do governo pessoal (do Monarca). Ao aniquilar todos os focos de autoridade, indicava o poder de ninguém, senão "abstratamente" aquele do povo.

Lefort, partindo daí, filosofa que o nascimento da democracia sinaliza uma mutação de ordem simbólica, que testemunha a nova posição do poder.

Com efeito, o quadro da monarquia derivava de uma matriz teológica-política, dando ao príncipe uma potência soberana sobre um território e, ao mesmo tempo, fazendo dele uma instância secular e um representante de Deus. O poder estava corporizado na pessoa do príncipe, que era o mediador entre os homens e os deuses. Submetido à lei e sobre as leis, condensava em seu corpo, mortal e imortal, o princípio gerador e da ordem no principado. Incorporado no príncipe, o poder dava corpo à sociedade.

Desenhado este modelo, aponta o traço revolucionário (as Revoluções americana e francesa) e sem precedente da democracia. O lugar do poder torna-se um *lugar vazio*. O essencial é que proíbe aos governantes de se apropriar, de se incorporar o poder. Doravante, seu exercício é submetido ao procedimento de uma colocação em jogo, periódico. É feito sob a forma de uma competição com regras, cujas condições são preservadas. Este jogo subentende uma institucionalização do conflito. Vazio, "inocupável" (*galicismo*), no sentido que nenhum indivíduo ou grupo pode se apropriar deste lugar, se mostra "infigurável" (*galicismo*). Somente são visíveis os mecanismos de seu exercício, ou então os homens, simples mortais, que detém a autoridade política. O poder não se situa na sociedade, isto porque deriva do sufrágio popular. Ele marca uma cisão entre o interior e o exterior do social, simultaneamente colocando-os em relação. Faz-se tacitamente se reconhecer como puramente simbólico.

Partindo deste último conceito, temos a ousadia de contestá-lo. O rei de Portugal, dom Sebastião, desapareceu no Marrocos, em 1578. Com o vazio em sua sucessão ao trono, impou-se o domínio espanhol.

A Revolução Francesa, convulsão social de grandes proporções, cometeu um Regicídio. O lugar do Rei ficou, literalmente, vago. E quem, por pressuposto, ficou encarregado do trono? O "Povo-Rei". Acontece que essa massa amorfa e difusa só se manifesta, periodicamente, para delegar sua soberania a um indivíduo de carne e osso. Então, o "Povo", que destronou e assassinou o antigo Monarca, preenche o lugar com um mandatário seu. Portanto, a posição simbólica, o lugar do Rei nunca está vazio. Terminadas as eleições, o poder tem novo proprietário, na dimensão real: o vencedor, consagrado pelo voto popular. E aí, ocorre uma repetição do passado: o moderno "ungido" é entronizado no lugar que no pretérito era monopólio do príncipe. Dá-se o mesmo no plano simbólico: o Presidente joga o papel do Rei, com outro nome. No imaginário do "povo", este significado exerce seu efeito, sem tornar-se consciente.

É necessária mais alguma prova, além de apontar que a Revolução francesa e sua ficção do Povo-Rei resultaram na figura bem concreta do imperador Napoleão Bonaparte? (Carlyle classificou Napoleão, o salvador da França, como 'nosso último Grande

Homem'). E o Brasil com dois imperadores, sendo o último destronado por uma revolução militar mambembe?

Em síntese, o Presidente, no regime republicano, é o significante que desloca o de Monarca. Isto na dimensão simbólica, que permanece velada.

Paradoxalmente, no fenômeno do populismo, as figuras do caudilho (líder autoritário) e/ou do populista (demagogos) condensam, acoplam, o mortal e o imortal, como os príncipes de antão. Numa outra perspectiva, inventam, imaginariamente, uma nova consubstanciação deles com o povo. Desenha-se, deste modo, a hipótese de que o populista é o personagem perturbador que ocupa o lugar vazio, manipula para se inserir numa matriz teológica-política, o deturpa, transgredindo a "regra de ouro" da democracia, que proíbe os governantes de se apropriar, de se incorporar o poder e, com isso, como um parasita mortal, a destrói a partir de dentro.

Ilustremos esta hipótese através de dois líderes carismáticos brasileiros, cara e verso da moeda do poder.

Max Weber explica que o poder do carisma, baseando-se na fé, revoluciona os dominados "de dentro para fora" e procura transformar as coisas e as ordens, segundo seu querer revolucionário[3]. Rompe com todas as regras e com toda a tradição costumeira. Inverte todas as escalas de valores, derrubando todos os costumes e as leis.

A genealogia da civilização brasileira deve ser buscada em seu passado lusitano. Por exemplo, o messianismo vem de seus sedimentos mais arcaicos (o milenarismo e o sebastianismo). A herança medieval do patrimonialismo estatal, sob controle do estamento burocrático, coincide com a formação do Estado português. "O súdito, a sociedade, se compreendem no âmbito de um aparelhamento a explorar, a manipular, a tosquiar nos casos extremos". (Faoro, R. *Os Donos do Poder*)[4]. O peso desta tradição histórica bloqueia a sociedade brasileira. Este Estado patrimonialista, de promiscuidade entre o público e o privado, é o objeto de desejo do demagogo, e o populismo, sua estratégia de conquista.

De tempos em tempos, ressurge o mito do sebastianismo, que nos momentos de infelicidade e de perdas, seria o aparecimento de um salvador, um restaurador da ordem e da justiça. Recorramos à trajetória do líder carismático Lula[5]. Um líder sindical metalúrgico, dotado de carisma político, conduziu greves operárias contra o regime militar, tendo sido preso na época (1980). Nasceu, assim, o herói Lula (Carlyle). Até aqui, nossa narrativa descreve um sindicalista que, em seguida, se transformou em líder de um partido político socialdemocrata.

Neste ponto de nossa narrativa, intervém uma mutação simbólica de grande importância histórica. O herói proletário se apropriou da "opção preferencial dos pobres", - ideologia da Teologia da Libertação[6] -, e passou a desempenhar um carisma semelhante ao profético. Favoreceu-se, assim, de uma herança cultural arcaica, submersa no inconsciente coletivo do povo brasileiro. Passou a encarnar o salvador, "o homem de Deus", que existiu desde sempre...

Este mito messiânico é muito poderoso na sociedade brasileira. É dele que Lula extrai toda a sua couraça sagrada. Um dos ideólogos da costura desta justaposição, - involuntária, certamente-, foi frei Betto. Tomemos, por exemplo, seu livro "Lula, biografia política de um operário"[7]. O amálgama entre o torneiro mecânico e o Messias começa na origem humilde do primeiro. Lemos aí que "nasceu no Nordeste... numa família de lavradores confinada a uma precária economia de subsistência. Sua trajetória familiar coincide com a de inúmeros nordestinos que expulsos da terra pelo latifúndio ou condenados à fome pela 'indústria da seca'...viajaram treze dias num 'pau-de-arara' na esperança de um futuro melhor...No litoral paulista...tornou-se vendedor ambulante...foi morar com a mãe e os irmãos num apertado cômodo nos fundos de um bar, cujo único banheiro era partilhado pela família e pelos bêbados. Seu primeiro emprego, aos doze anos, foi numa tinturaria...e, aos quatorze anos ingressou numa metalúrgica...". No imaginário social, -não há fatos comprovados-, o Salvador teria nascido numa manjedoura e sido artesão, antes de se tornar o pregador carismático.

Esta origem humilde destinou-os a personificarem os redentores dos pobres e dos oprimidos, dos fracos, dos necessitados, dos enfermos, dos excluídos, "daqueles que não têm voz". A "classe trabalhadora" que chegou à presidência, através de seu líder máximo, representa os segmentos populares (...)outros setores explorados e marginalizados da sociedade brasileira (...)." O herói salvador venceu a encarnação das piores entidades do inferno, os capitalistas, a classe dominante.

Vamos citar outra superposição de imagens entre Lula e a vítima sagrada. No discurso que pronunciou à Nação para dar explicações sobre o "mensalão", Lula afirmou que foi traído pelos companheiros. O célebre quadro da "Santa Ceia" imortalizou a figura do traidor Judas, com as trinta moedas... (além de revelar que não tem caráter).

Para o lugar vago antes ocupado por Lula, preso por corrupção e lavagem de dinheiro, foi consagrado Bolsonaro, o "Mito". Ganhou as eleições por duas razões principais: o sentimento anti-lulopetista e o atentado a faca, numa atividade de campanha.

Sua investidura sagrada começou pelo seu sobrenome Messias. Converteu-se a uma das seitas evangélicas, através do batismo no rio Jordão. Sobreviveu ao atentado por "por obra divina", como declarou várias vezes. Posou de mártir abnegado depois que sobreviveu à tentativa de assassinato, enquanto se dedicava à pátria (como um soldado em combate). Este atentado violento provocou ampla identificação social. Costurou, assim, na fantasia do povo, a associação com a figura da "vítima sagrada". Alude à vinda da figura heroica que se sacrifica, com risco da própria vida, para promover uma nova era. Isto criou o clima emocional propício para o surgimento ilusório de um salvador, uma figura messiânica, que iria galvanizar o povo por trazer uma boa nova. Era o redentor, no imaginário popular, por se colocar contra os desmandos dos governantes. ("Mais Messias que Jair", Miguel Reale Jº, Estado de S. Paulo, 01 de junho de 2019)[8]. Foi proclamado mito e irradiou, de forma irracional, a promessa de fartura e honestidade A bajulação do seu chanceler colocou-o nas alturas do ser divino. Blasfemou, comparando Jair Bolsonaro a Jesus Cristo. Citou trecho do Evangelho onde está escrito que a pedra que os construtores rejeitaram tornou-se a pedra angular. Foi o próprio Jair quem postou um vídeo em que um pastor congolês o apresentou como um estabelecido (indicado) por Deus para comandar o Brasil. Portanto, incorporou, em sua fantasia, a propriedade de condensar em seu corpo o secular e o sobrenatural. Pelo jeito, Bolsonaro se convenceu que foi escolhido por Deus para governar o Brasil.

As bases sociais destes populistas contemporâneos é diferente. Lula tinha seu eleitorado nas massas populares católicas e numa fração doutrinada da classe média. Bolsonaro apoia-se na classe média conservadora e reacionária (no sentido de idealizar uma volta ao passado), nos evangélicos e no segmento popular tradicional.

Os dois líderes carismáticos, autocratas, antípodas na topologia política, se acordam na mesma crença: ambos receberam a missão de Deus de conduzir a nação brasileira. No caso de Lula, a investidura sagrada foi bem tecida pelos artesões da teologia da libertação. No caso de Bolsonaro, ela é menos estruturada, sua forma de contornos menos nítidos.

Ambos, como demagogos de carreira, venderam uma imagem de Herói (Carlyle), o que era (mais) um engodo. O ideal de Lula era o caudilho Fidel Castro e o de Bolsonaro, o populista de extrema-direita Trump. Um foi parar na cadeia, após destruir e corromper os negócios do país.

É cedo ainda para prever o desfecho do outro, mas pelos tropeços em série, vai de mal a pior, e assim se anunciam as previsões. Marco Aurélio Nogueira ("Fumaça, Ruído e Desertos", artigo no "Estadão", em 25/05/19)[9] analisa o desempenho do governo Bolsonaro em três pontas: apoio social, um bom Ministério e capacidade de articulação política. Em sua avaliação, o presidente só vai bem no apoio social. Critica, principalmente, a hostilidade, alçada à condição de método de governo. Este procedimento gera crises e inimigos para justificar sua inoperância. Cria fumaça e ruídos, produz problemas sucessivos e nenhuma solução e destrói sem construir. Vai assim erodindo a sociabilidade, criando desertos por onde passa. Oferta em troca tão somente a promessa redentora do "mito", a cavalo de um Deus confuso e vingativo.

Os meteorologistas diriam que há possibilidade de tempestade, com risco de naufrágio.

Qual era a teoria de Thomas Carlyle sobre o Herói, que Lula e Bolsonaro, modestamente, se atribuem?

O HERÓI NA HISTÓRIA

As palestras de Carlyle condensadas em *"Sobre Heróis: o heroísmo e a veneração do herói na história"* ("On Heroes, Hero-Worship, and the Heroic in History") (1841)[10] foi um divisor de águas em sua trajetória. Marcou seu recuo do pensamento social genuíno para preocupações sobre o poder pessoal. Foi considerado uma espécie de profeta. O mito do Herói foi um dos mais primitivos, que atualizou. Sua doutrina política e histórica idealizou e legitimou o poder carismático no século XX.

Carlyle considerava o Herói como o ator central na história, concepção que Weber endossava: "É o carisma, de fato, o poder revolucionário especificamente 'criador' da história". Constate-se a convergência entre ambos autores no seguinte enunciado de Carlyle: "Grandes homens são os inspirados (falando e agindo) Textos daquele divino Livro das Revelações, do qual um Capítulo é concluído de época em época, e é por alguns chamados de História".

Cunhou a célebre frase: "A 'adoração do Herói' torna-se um fato indizivelmente precioso; o fato mais consolador que se vê no mundo atual...Um homem não pode dar nenhuma prova mais triste de sua pequenez do que não crer em grandes homens".

Carlyle classificou Napoleão, o líder que surgiu como o salvador da França, como "nosso último Grande Homem". Aliás, este se auto coroou Imperador e seu destino esteve intimamente ligado ao da França. Quando seu corpo foi exumado e transladado para "Les Invalides", o autor confirmou sua visão de que o culto do herói era sinônimo de teatralidade e quimera.

O inglês considerava justa a doutrina do universal vínculo direto de homem para homem. Fora dela, a sociedade iria se desintegrar num violento banho de sangue, a menos que surgisse um novo tipo de herói que restaurasse as relações humanas (como foi o caso de Cromwell).

Abordando a questão do Rei como herói, definia-o como o Comandante dos homens; aquele ao qual a vontade (s) tem que se subordinar lealmente, sentir-se bem assim procedendo. É reconhecido como o mais importante dos Grandes Homens, uma síntese de todas as formas de heroísmo. Profeta, Professor, comanda a todos, emite lições práticas, indica toda hora o que deve ser feito. É chamado Rex, Regulador, Rei; em inglês, King, Könning, o que significa Homem Hábil. (Já argumentamos que o Presidente preencheu seu lugar simbólico).

Encontrar o Homem mais Hábil que existe num país, elevá-lo ao poder supremo e reverenciá-lo, é certeza de um governo perfeito. Este é um ideal que dificilmente coincide com a prática.

Quando se põe um muito Inábil Homem na direção dos negócios, acontecem, em todos os tempos, as rebeliões, as Revoluções francesas, as explosões sociais. Significa que um homem de má índole, ignóbil, covarde, insensato, foi colocado no poder. (Na maioria das vezes, é o caso do demagogo).

Foi justamente sobre o revolucionário puritano Oliver Cromwell, o Herói favorito de Carlyle, que Borges detectou semelhanças com os protótipos autoritários latino-americanos: caudilhos, revolucionários e ditadores. O escritor argentino vai mais longe: "Carlyle raciocina como um ditador sul-americano quando defende a dissolução do Parlamento inglês pelos mosqueteiros de Cromwell".

Com este gancho, partamos para o sociólogo latino-americano.

O CONCEITO CONTEMPORÂNEO DE POPULISMO

A práxis política está sob influência da ideologia, que significa um "sistema de crenças ou de valores, utilizada na luta política para influir sobre o comportamento das massas, para orientá-las numa direção e não em outra, para dirigir o consenso, para justificar o poder" (Bobbio). A ideologia política substituiu os mitos na sociedade contemporânea. É o que ilustramos com "Lula, o mito", verdadeiro coringa de toda a engrenagem do regime lulopetista.

Morse, citado por Krause[11], usa o termo populismo equiparando-o à participação ou irrupção rousseauniana do povo na vida pública. Dito de outra forma, a irrupção das massas na política.

O populismo, para Enrique Krause, é uma forma de poder e não uma ideologia. Entende-o como o uso demagógico que um líder carismático faz da legitimidade democrática. Promete o acesso a uma utopia possível (o esquerdista Lula) ou a volta de uma ordem tradicional (por exemplo, o ultradireitista Bolsonaro). Ambos carismáticos; em silêncio, podem colocar em movimento um poder pessoal, à margem das leis, das instituições e das liberdades.

"Vivemos órfãos de líderes virtuosos, e os corrompidos corpos aristocráticos e representativos perderam autoridade. Por outro lado, abundam aqueles que ganham os votos do povo com engano, artimanhas, mentira e manipulação. "[12]. As peças Macbeth e Ricardo III, ao inverso, são sobre a ambição desmesurada.

Todo populismo postula uma divisão entre "os bons" e "os maus". Isto vem de longe, historicamente: os jacobinos -precursores remotos- elegeram como "seus demônios", os aristocratas e os "imigrantes", e daí, sucessivamente, até os dias atuais.

O peronismo foi o primeiro grande movimento peronista da América Latina. Era caracterizado por três propriedades: a mobilização vertical das massas, a tendência a privilegiar a demanda ao invés da produção e seu culto ao caudilho (nesse caso, dois: Perón e Evita). O caudilhismo, o mais antigo dos males do continente, consiste na concentração do poder nas mãos de Um. Quando o caudilho assume, suas paixões estritamente pessoais são transferidas para a história da nação, que se converte, então, no palco que é encenado seu drama. A populista Eva Perón, mito tão poderoso na sociedade argentina, disse: "Eu escolhi ser 'Evita'...para que por meu intermédio o povo e, sobretudo, os trabalhadores encontrassem sempre o caminho de seu líder. " Outro foi Hugo Chávez, um Redentor, que muitas vezes alardeou ser a encarnação do povo: "Aqui não há nada além de amor: amor de Chávez pelo povo, amor do povo por Chávez. " Ou então: "Eu já não sou Chávez, eu sou um povo, carajo". Concebia a história como protagonizada por heróis que guiam o povo, que o encarnam e o resgatam. Era o papel que acreditava representar. O maior herói de Chávez? Ele mesmo.

As consequências históricas de ambos regimes estão escancaradas.

O populismo pode ser de esquerda ou de direita, como ilustram Lula e Bolsonaro. Todos empenhados em enfeitiçar por meio da palavra mágica "povo".

Balizemos esta descrição do carisma recordando Weber: "baseado na veneração extra cotidiana da santidade, do poder heroico ou do caráter exemplar de uma pessoa e das ordens por esta reveladas ou criadas. Na dominação carismática, obedece-se ao líder (...) qualificado como tal, em virtude de confiança pessoal em revelação, heroísmo ou exemplaridade dentro do âmbito da crença nesse seu carisma".

"Em virtude deste dom (" carisma") ...imbuídos da missão divina que neste se expressava, exerciam eles (os carismáticos) sua arte e sua dominação". "É o carisma, de fato, o poder revolucionário especificamente 'criador' da história".

Esta visão coincide com a de Carlyle. Quando aborda o Rei como herói, argumenta que os dominados têm que se subordinar lealmente, sentir-se bem assim procedendo. É reconhecido como o mais importante dos Grandes Homens, uma síntese de todas as formas de heroísmo. Esse é o papel que o carismático interpreta para sua plateia manipulada.

O demagogo é o herói político que instrumentaliza o carisma. Krause enuncia o Decálogo do populismo, que elenca em dez traços específicos. Advertimos que meus comentários estão misturados com seu texto.

1. *O populismo exalta ao líder carismático. Ele não existe sem a figura do homem providencial, que resolverá, de uma vez por todas, os problemas do povo. A entrega ao carisma do grande demagogo ocorre porque as pessoas creem, cegamente, nele.*

2. *O populista não só usa e abusa da palavra, ele se apodera dela (monopoliza-a). A palavra é a forma preferencial de exercer o carisma, seduzindo, hipnotizando, a audiência dos embevecidos. É a cerimônia, por excelência, em que o demagogo é adorado e seu narcisismo adulado.*

3. *O populismo fabrica a verdade. O carismático é o intérprete da verdade, mostra o caminho, de forma direta (como recomenda Carlyle). Esticam ao máximo o provérbio "vox Populi, vox Dei". Além disso, interpreta a vontade do povo, atribuindo-lhe sua própria versão da realidade.*

4. *O populista, na variante latino-americana, utiliza de forma discricionária os fundos públicos. O herói populista sai em busca de espólio (dinheiro). O erário é seu patrimônio privado, que pode esbanjar impunemente para seus fins políticos. Sua postura é antieconômica por excelência. Age de*

forma mágica, não racional, e acaba por conduzir os negócios públicos à falência.

5. *O populista reparte diretamente a riqueza. Fica com a parte do leão do espólio (público) conquistado e atira migalhas ao povo. Foca sua ajuda ("doação") e cobra obediência e gratidão sob forma eleitoral. Este assistencialismo acaba sendo improdutivo e se acrescenta ao rol de despesas, que trata com desdém. Abastece seu séquito de forma a manter uma fidelidade canina. Por este meio, mantém o controle do aparelho partidário, da máquina estatal e da compra de aliados.*

6. *O populista alimenta o ódio de classes. O adversário é inimigo, ao invés de oponente. Estabelece um jogo fatal, de ganho ou perda. Reduz a política a "nós" (ele e "seu" povo) contra "eles" (os ricos). Tem a postura de tentar diminuir os malfeitos do seu grupo e maximizar aqueles dos oponentes. Atrai a parcela dos ricos que vira aliada. Remunera-a através da corrupção.*

7. *O populista mobiliza permanente aos grupos sociais. Atiça o povo contra uma parte da sociedade que dividiu. Apela às massas sempre que seus interesses correm risco. O populista apela, organiza, excita as massas. As ruas são o teatro para o espetáculo do povo, que manifesta seu apoio entusiástico e exorciza os "maus". "O povo jamais será vencido" tem o significado velado da invencibilidade do seu mestre, o demagogo.*

8. *O populista fustiga por sistema ao inimigo exterior. Nada como uma ameaça externa para soldar a união do povo com seu líder, para cerrar as fileiras do exército de apoiadores, como manobra diversionista do descalabro no manejo dos negócios públicos, de um bode expiatório para os fracassos de governança.*

9. *O populista despreza a ordem legal. A racionalização habitual é que se trata de uma superestrutura burguesa, cuja única finalidade é manter o "status quo" favorável aos ricos. Os carismáticos, para cumprirem sua missão, consideram-*

se acima da lei. Desprezam-na e não a levam em conta. Jul-gam-se intocáveis, impunes, mais iguais que os outros. A lei é a do "caid", da vontade do caudilho todo poderoso.

10. *O populista mina, domina e em último caso domestica ou anula as instituições e liberdades da democracia. Abomina os entraves a seu poder, os considera oligárquicos, con-trários à "vontade popular", da qual é o único tradutor. Este pretexto camufla o motivo real. As instituições do Estado de Direito são uma barreira que atrapalha, bloqueia, seu pro-jeto, seu sonho, escondido nos recônditos de seu íntimo. No fundo, quer instituir uma Ditadura, o governo de Um, satis-fazer sua onipotência sem limites. Considera-se "especial", destinado a se perenizar no poder, como o único que tem competência para gerir os negócios do Estado e guiar seu povo. Foi predestinado para isso, desde criancinha. Tem uma natureza totalitária, daí ser perigoso para a democracia, in-venção frágil e em risco de desmonte.*

Em guisa de reforço para os argumentos expostos pinçamos as se-guintes experiências empíricas: Carlyle descobriu, por acaso, no centro da América do Sul, um "Herói" digno desse nome, um "sal-vador de sua época": José Gaspar Rodríguez de Francia, o ditador perpétuo do Paraguai (de 1814 a 1840). Só este título emérito já comprova nossa hipótese, exposta logo acima. Acrescente-se que Carlyle aplaudiu o desejo do tirano para se perpetuar (aliás, temos, nos dias atuais, os exemplos dos presidentes russo, chinês e turco, aderindo à mesma tendência).

O outro caso parte do comentário do historiador Luís Mir sobre Getúlio Vargas, como a maior liderança política e social do sé-culo XX[13]. O varguismo começa com o golpe híbrido, oligárquico-militar, e "se sacraliza num bonapartismo neofascista com o Es-tado Novo, em 1937". Getúlio ressurge em 1951, quando se con-sagra democraticamente nas urnas. O ditador foi apeado do poder pelos militares no primeiro mandato e só não o foi no segundo porque se suicidou.

Conclui Krause, de forma magistral: o populismo, sem dúvida, é o uso demagógico da democracia para acabar com ela; e, acrescentaríamos, chegar ao governo de Um (Hitler, Lenin, Stalin, Mao, Fidel, e Getúlio). Aliás, a manobra (fracassada) da renúncia de Jânio tinha o objetivo de acabar com a democracia e instalá-lo como autocrata. A emenda constitucional para a reeleição de FHC, tão perniciosa para o país, visou prolongar sua permanência no poder, com o disfarce do intelectual acima de qualquer suspeita. A tentativa do terceiro mandato para Lula (inviabilizada) tinha o mesmo propósito e, de preferência, "eternizá-lo" na presidência.

O POVO SOU EU

"Eu já não sou Chávez, eu sou um povo."

Em seu livro "El Pueblo soy yo"[14], Krause o anuncia como um libelo contra a entrega do poder absoluto a uma só pessoa. Afirma ser a demagogia o instrumento favorito do poder pessoal.

Por surpreendente que isto possa parecer, em pleno século XXI, os ditadores mais perniciosos são aqueles envelopados por uma aura de legitimidade, proveniente de ideologias, costumes, tradições ou do próprio carisma do líder. As vezes alcançam uma adoração histérica de seus fanáticos seguidores.

Nosso autor questiona por que a América Latina tem sido a terra de caudilhos, ditadores, redentores? Recorre à obra do americano Morse, que procurou explicar a atávica disposição dos latino-americanos a obedecer e venerar a Coroa (o príncipe) e a seus "avatares" (do sânscrito: "descendente ou encarnação de um deus"), no caso, presidentes, caudilhos e ditadores. Krause atribui ao americano a seguinte percepção: os latinos da Extrema América presos numa caverna platônica, sem chance de sair dela, condenados a esperar tudo do Estado tutelar e patriarcal, ou esperar o caudilho da vez, que ofereceria a redenção.

O código Morse explicaria as raízes da cultura política destes trópicos, avessa à democracia liberal e demasiadamente influenciada pelo seu passado medieval. Este código genético-político era, portanto, quase inexorável. Cita Unamuno: "Sinto-me com uma alma medieval e se me figura que é medieval a alma de minha pátria; que atravessou, forçada, ao Renascimento, à Reforma e à Revolução, aprendendo, sim, delas, mas sem deixar-se tocar a alma."[15]

Recorre, também, ao conceito paternal do Estado, de Francisco Suárez[16]. Segundo o desenho deste, o Estado é um "edifício feito para durar", um "corpo místico" em cuja cabeça se encontra um pai que exerce, com plenitude, "a potência dominadora" sob seus súditos. Para Suárez, o "povo", depositário original da soberania (proveniente de Deus), a transfere integralmente ao príncipe ou monarca. De fato, a cede (se aliena) inteiramente. A partir deste pacto, semelhante à "transubstanciação mística" da missa, o príncipe se torna o centro que coordena a vida social do reino. Torna-se a cabeça do edifício de dominação integral, inspirado no ideal da harmonia cristã.

O desaparecimento do monarca paternal deixou um vazio, preenchido pelos caudilhos da Independência, reencarnação dos conquistadores Cortez e Pizarro. O povo seguia estes líderes, sobreviventes das guerras pela autonomia.

Morse, então, evoca Maquiavel, por julgar que seus conselhos parecem extraídos da trajetória dos caudilhos latino-americanos. Por exemplo, sobre a presença física: "Nada mais seguro, nem mais necessário para pôr um freio numa multidão ensandecida, que a presença de um homem que seja digno de veneração e tenha aspecto de tal." (Discursos I, p.187)[17]

O florentino reconhecia a necessidade que o príncipe reinasse por "leis que proporcionassem segurança para todo o seu povo."

O domínio do príncipe "não podia perdurar se a administração do reino descansasse sobre os ombros de um só indivíduo; por isso, é conveniente que o governo acabe por estar a cargo de muitos, e se sustente por muitos."Isto é o equivalente à transição do caudilho ditatorial, puro e insustentável (por exemplo, Getúlio Vargas, mais tarde), para uma "república", mesmo que nominal. A receita era implementar um "paternalismo orientado ao bem público".

Em outro artigo de seu ensaio, aborda "O Messias Tropical", López Obrador, chefe do Estado mexicano. Após o enredamento legal em que se viu envolvido, recorreu à clássica retórica de polarização. Seus inimigos eram os do povo, os "de cima", os ricos. A teoria da conspiração tornou-se política de Estado: toda crítica era parte de um "complot" para derrubá-lo.

Na visão orgânica do poder público, a soberania popular emana de Deus para o povo. Quem deve interpretá-la é a autoridade escolhida por Deus. Quem interpreta o divino poder da soberania popular? O líder social que se autodesignava "o raio de esperança": López Obrador. O chefe de governo encarnaria esta inspiração divina, o "homem providencial".

AMLO define-se como cristão, "porque me apaixona a vida e obra de Jesus; foi perseguido em seu tempo, vigiado pelos poderosos e o crucificaram. " Sua admiração pela vida de Jesus baseia-se na semelhança com a sua: comprometida com os pobres até ser perseguido pelos poderosos. É um líder messiânico que acredita em seu próprio chamado. Não se toma por Jesus, mas sim algo parecido.

"Ungido", mais que eleito pelo povo, era como se uma voz exclamasse do fundo do inconsciente coletivo: México necessitava de um Messias e chegou López Obrador. "

Em mesas redondas, na Universidade de Guadalajara, intelectuais posicionaram-se, recentemente, sobre a presidência de AMLO (*O populismo mexicano* Mario Vargas Llosa, O Estado de S. Paulo, 02 de junho de 2019)[18].

Héctor Aguilar Camín alertou que López Obrador parece estar erigindo uma estrutura mais pessoal e permanente, que as instituições democráticas mexicanas não estão em condições de resistir. Enrique Krause comentou que tal prática poderá cruzar os limites da democracia para leva-lo a permanecer no poder, por via direta ou por meio de um intermediário (como foi o caso de seu similar Lula e da preposta Dilma). Christopher Domínguez Michael, para quem a deterioração da democracia mexicana é irrefutável, só irá se agravar com o poder quase total que os eleitores deram ao novo presidente, do qual se serve para suas tomadas de decisão arbitrárias. Tudo isso, deixa entrever um futuro inquietante para o país.

Vargas Llosa concorda com estas inquietações dos intelectuais mexicanos. O passado de López Obrador delata um dirigente impregnado de populismo. Todas as manhãs, AMLO realiza uma entrevista coletiva, na qual os jornalistas parecem mais submissos do que independentes.

Suas decisões são tomadas de imprevisto, mediante decretos, ao arrepio das normas legais. O personagem é a de um caudilho tradicional latino-americano, voluntarista e despótico, que, exatamente pela popularidade, se acha acima da lei.

Não há censura de imprensa, por uma razão explicada por Jorge Castañeda. Os anunciantes ou os empresários recebem um telefonema do presidente aconselhando-os a reduzir ou cancelar seu apoio aos jornais que divulgam matérias de cunho crítico.

Desde que López Obrador assumiu, optou na política externa de cumplicidade com duas ditaduras corruptas, Venezuela e Nicarágua, rompendo com a tradição mexicana que exigia eleições livres e denunciava os excessos contra a oposição.

O povo que aplaude e continua encantado com as bravatas de AMLO, compreenderá que as tiranias populistas, a era dos caudilhos, que tanto prejuízo já causaram na América Latina, ficaram para trás, conclui Vargas Llosa, um liberal convicto.

A ARQUEOLOGIA DO POPULISMO

Totem e Tabu

O populista e o caudilho encarnam, simbolicamente, a figura do Pai. São mestres na manipulação do coletivo, impulsionados pela sua voracidade pelo poder. Encarnam, a abusando, a figura do Pai, representada pelo Monarca e depois pelo Presidente, príncipe disfarçado.

Examinemos a arqueologia do populismo. Freud parte da hipótese de Darwin sobre o estado social primitivo da Humanidade ("Totem e Tabu", vol. II, pp. 419-507, 1913)[19]. Tinha deduzido dos costumes dos antropoides que o homem também viveu, primitivamente, como algumas espécies de animais, em pequenas hordas. Nelas acabou sendo impedida a promiscuidade sexual, basicamente pelos ciúmes do macho mais velho e mais forte. Cada um passou a acasalar com uma só fêmea, salvo quando era muito poderoso e defendia seu "harém" contra todos os demais homens. Nos grupos destes antropoides constatava-se, sempre, a presença de um único macho adulto. Quando chegava à puberdade, lutava com seus pares pelo domínio absoluto do grupo e depois de mata-los ou expulsá-los e constituir-se em chefe absoluto. Os jovens machos, assim expulsos, tornavam-se errantes, em busca de outras fêmeas.

Esta teoria darwiniana da existência de um pai ciumento e violento que reservava para si todas as fêmeas e expulsava seus filhos conforme vão crescendo, Freud considera limitada. Não inclui a interpretação psicanalítica do totemismo. Nela, o animal totêmico é um substituto do pai. Continua a narrativa darwiniana supondo que os irmãos expulsos se reuniram um dia, mataram o pai e devoraram sua carne. De toda forma, o violento e tirânico pai constituía, seguramente, o modelo invejado e temido e ao fazê-lo (canibalismo), se identificaram com ele e se apropriaram de uma parte de sua força.

Em "Psicologia da Massas" (Vol. I, pp. 1119-1157, 1921),[20] prolonga esta hipótese abordando a relação das massas com o líder. Ela mostra o quadro de um indivíduo dotado de um poder extraordinário (o carisma) dominando a uma multidão de indivíduos iguais entre si, como na horda primitiva. A vontade do indivíduo era demasiada fraca para impeli-lo a agir. Socorria-se dos impulsos coletivos, os únicos possíveis, e assim só existia uma vontade comum. O desaparecimento da personalidade individual inconsciente, a orientação dos pensamentos e dos sentimentos numa única direção, o predomínio da afetividade e da vida psíquica inconsciente, a tendência à realização imediata dos impulsos, toda esta psicologia corresponde a uma regressão. Aponta para um estado de atividade anímica primitiva, como foi atribuído à horda primitiva. A massa, para Freud, é a sua ressureição. Assim como o homem primitivo habita, virtualmente, em cada indivíduo, também em toda massa humana sobrevive a horda primitiva. Deduz-se, daí, que a psicologia coletiva é a psicologia mais antiga. Aplica-se ao indivíduo, unidade da massa, e ao líder, pai, chefe ou caudilho. Os indivíduos da massa estão vinculados entre si, enquanto o pai da horda permanece livre e sua vontade não precisa ser reforçada pelos outros. Seu amor é narcísico e só ama aos outros na proporção em que lhes são úteis para seus desígnios. Os indivíduos amalgamados na massa alimentam a ilusão que o chefe ama a todos, com um sentimento justo e equitativo. De fato, não precisa amar ninguém; pode erigir-se em dono e senhor, independente e seguro de si mesmo, em sua onipotência. Nos primórdios da história humana, o pai da horda era o "super-homem", cujo advento esperava Nietzsche em futuro longínquo. Ainda não era imortal, como logo chegou a sê-lo por divinização.

A psicologia das massas descortina o que se oculta detrás da hipnose e da sugestão. A hipnose é um estado induzido. O hipnotizador atribui-se um poder misterioso que despoja o indivíduo de sua vontade, que ele lhe imputa. Esta força enigmática é, vulgarmente, denominada de magnetismo animal. O hipnotizado concentra, inconscientemente, toda sua atenção sobre o hipnotizador, entrando em estado de transferência com ele. É como se o hipnotizador dissesse ao sujeito: "Agora vai se ocupar exclusivamente de minha pessoa; nada mais importa" (Conta-se que Hitler tinha o poder carismático de "hipnotizar, magnetizar" as massas em seus discursos).

Conclui Freud: "O caráter inquietante e coercitivo das formações coletivas, que se manifesta em seus fenômenos de sugestão, pode ser atribuído por tanto à afinidade da massa com a horda primitiva, da qual descende. O caudilho ainda é o temido pai primitivo. A massa quer sempre ser dominada por um poder ilimitado. Ávida de autoridade, tem, segundo Le Bon, uma inesgotável sede de submissão. O pai primitivo é o ideal da massa (...)".

À guisa de mostrar uma experiência empírica de psicologia de massa, descrevamos a relação entre o ídolo Maradona e a cidade italiana Nápoles ("Maradona and Naples created an unearthly and sometimes dark magic. I was there." Ed Vulliamy)[21]. Em 1984, cada napolitano sentiu a mão de Deus com a chegada de Maradona (o messias de Buenos Aires). Ele incarnava o orgulho rebelde do sul da Itália mais pobre. Os torcedores o amavam.

Nápoles é um lugar católico e supersticioso. A sinergia do jogador com a cidade ia longe. Isto porque Maradona praticava feitiçaria no campo; jogava um futebol voodoo. Adivinhava, com seu sexto sentido, o pensamento e a intenção do adversário antes dele mesmo.

Do lado escuro, havia a *Camorra*. Em seu afã de agradar e de ser bajulado, Maradona foi envolvido pela máfia. Maradona, de origem humilde, comemorava que a exploração de sua marca pela máfia dava trabalho para as crianças pobres napolitanas. Esta parceria o fazia aceitar a prática da organização criminosa do comércio de drogas e da prostituição.

Maradona caiu das estrelas aos estábulos. Virou caso de polícia e teve de fugir de Nápoles. A cidade sem ele foi como um baralho de cartas sem o coringa e o ás, escreveu Vulliamy.

Nápoles o adorava tanto que não se sentiu traída. No coração dela, Maradona continuava sendo o encantador, o salvador, o talismã, o feiticeiro. Sua estampa adorna blocos de apartamentos, seus pôsteres estão por toda parte. No dia seguinte a sua partida, apareceu uma faixa: "Diego, faça-nos sonhar de novo."

A cidade nunca se recuperou de seu culto. O portenho tinha criado nos napolitanos a mesma paixão que os argentinos tinham por Perón e Evita.

Ilustremos, com outro exemplo, o que parece ser uma especulação descolada da realidade. O jogo de linguagem que nos ajudará a decifrar dois mitos nacionais será o psicanalítico. A configuração psicológica "self grupal" é postulada como sendo análoga ao self do indivíduo e submetida à influência das mesmas forças narcísicas inconscientes básicas (Kohut)[21]. Estabelecido nosso vocabulário, vamos aplicá-lo a dois mitos (delírios) nacionais: o futebol e o Lula.

Podemos dizer que ambos são paixões nacionais, portanto influenciadas por forças narcísicas inconscientes.
Nada bole mais com a vaidade, a auto- estima brasileira, que o futebol. Há uma evidente identificação dos torcedores com a seleção do canarinho "pistola". "Nós" vamos ganhar o hexa na Rússia, como se o time e a torcida formassem um uno. O self grupal grandioso encontra um escoadouro poderoso nessa fusão com a seleção pentacampeã mundial de futebol (símbolo agregador da

horda inconsciente). O agente mobilizador principal desse self coletivo onipotente é a Rede Globo e o seu principal locutor esportivo. É criado um clima emocional de um verdadeiro delírio coletivo. Tudo a serviço do sonho de grandeza da conquista do hexa: o país para, literalmente. O nacionalismo exacerbado de antes ressurge de forma avassaladora: "BRASILLL" é o refrão gritado a todo momento pela personalidade "maná global" (Jung). O tamanho da decepção quando a taça não é conquistada é proporcional à ambição frustrada. "A maioria dos brasileiros nada aprendeu com a vitória da Alemanha por 7x1 quatro anos atrás. Debochar do rival e minimizar sua capacidade continua sendo um esporte nacional. Com o nocivo "reforço" de parte da mídia que mais torce que informa, mais distorce que analisa friamente. Foi a quarta eliminação brasileira para europeus (antes Franca, Holanda e Alemanha). " (Mauro Cezar Pereira, comentarista esportivo).

Foi um tipo de mecanismo identificatório semelhante ao que se estabeleceu entre o eleitorado e o líder messiânico Lula. A venda pelos marqueteiros do PT de um "Brasil Maravilha" miragem, capturou o imaginário brasileiro. Não por acaso, o torcedor do Corinthians, o comentarista da Copa encarcerado, ainda detém trinta por cento das intenções de voto. No fundo, a mesma promessa de grandeza, do paraíso na virada da esquina.

O que há de comum entre o futebol e o líder político? A mesma vontade de potência submersa no inconsciente coletivo nacional. Ela é a verdadeira força inconsciente que alimenta esses dois mitos (delírios) nacionais. Entre lidar com uma realidade no limite do suportável e fugir para um imaginário idealizado, o self-coletivo tenta escapar por rotas de fuga "made in Brazil".

A Sociedade Bárbara

A hipótese de Freud sobre a horda primitiva (Lacan a chama de mito) pode ser associada com a sociedade bárbara do filósofo

Vico ("Scienza Nuova", Livro Secondo, pp. 237-489[22], comple-mentada pela interpretação de Crocce)[23].

O filósofo explica a origem da sociedade pela evolução gradual dos "brutos" em humanos, paralela à evolução do pensamento de imaginário em racional.

Vico parte do mito e da fantasia, característicos da mentalidade dos primitivos, que recupera através da filologia ou história. Os mitos guardam os julgamentos históricos destes povos. Valoriza sobretudo a imaginação e afirma que o "bárbaro" é um poeta que se expressa por metáforas. Os poetas seriam os sentidos da humanidade e os filósofos, seu intelecto.

Acredita que o estado de natureza tenha durado pelo menos duzentos anos. Denomina Gigantes os primeiros homens, de elevada estatura, estúpidos, insensatos e feras temíveis. Quase não tinham raciocínio ou capacidade de abstração, mas sentidos aguçados e imaginação poderosa. Eram homens de força robusta corporal, que urravam suas violentas paixões. Era uma época de perpétuo fanatismo supersticioso, atormentado por um contínuo terror dos deuses. Estes "Cíclopes", na prosa de Vico, aglutinavam neles mesmos as funções de rei, adivinho e sacerdote. Esta mentalidade ainda tem reminiscências nos camponeses.

O mito é uma parte essencial da sabedoria poética ou imaginária. Os fabricantes de mitos acreditavam piamente em sua criação. Os milagres interpretados pelos mágicos, por meio de encantamentos, eram o sujeito preferido da poesia.

Os Gigantes, segundo a mitologia, eram "filhos da mãe Terra". O filósofo identifica a religião com mito. Os primitivos poetas teólogos criaram a primeira fábula divina: a de Júpiter (Zeus), rei e pai dos homens e dos reis, a maior de todas as que se seguiram. Era o senhor do céu, dos trovões e raios; daí seu título de "todo-poderoso" e de "salvador", por tê-los poupado. Esta mitologia criou a consciência de Deus nestes brutos que se humanizaram. Os adivinhos instituíram o matrimônio, sob os auspícios de Júpiter.

Começava a "idade dos deuses" ou heroica. Os pais de famílias, patrícios ou heróis, eram reis e sacerdotes no período da monarquia doméstica, quando cada uma vivia separadamente. Eram reis de um tipo especial, sujeitos unicamente a Deus.

A segunda forma de relação humana, após o matrimônio, foi a dinâmica conflituosa entre os mestres e os escravos. Os servos ou escravos, mais fracos, permaneciam no estado de natureza nômade, às vezes como animais selvagens. Procuravam refúgio com os mais fortes, nas fortalezas dos pais. Como retribuição pela proteção nas terras deles serviam-lhes e passaram a ter o nome de clientes ("famuli").

Os escravos eram o resultado das guerras heroicas, travadas contra as hostes, estrangeiras e inimigas. Os conquistados eram tidos como homens sem Deus; daí perderem a liberdade natural e civil. As revoltas dos escravos, os primeiros plebeus, levaram à aliança mútua dos pais, estabelecendo uma ordem patrícia e o estado heroico. Quando abdicaram de suas posições de soberania em suas respectivas famílias, subordinaram-se à maior soberania de uma espécie de configuração nobre e armada. O rei dos patrícios era um deles, magistrado da ordem. Era seu líder e comandante na resistência às rebeliões dos escravos ou plebeus.

Portanto, os Estados se formaram pelo agrupamento das "antigas casas nobres". Os heróis acreditavam ter uma origem divina, donde o mito de serem eles próprios deuses. Os escravos ou primeiros plebeus eram considerados de raiz bestial.

A denominação "populus" significava a ordem dos patrícios, dos mestres; os plebeus estavam excluídos. "Pátria" era "res patrum", propriedade de alguns patrões (a oligarquia). A plebe, a horda dos submissos trabalhadores, era tratada como escrava. Segundo Aristóteles, os heróis (os patrícios) fizeram um pacto solene de serem inimigos eternos da plebe. As lutas entre os patrícios e os plebeus estiveram na origem da democracia.

Os heróis eram ignorantes, orgulhosos, narcisistas, avaros, duros com suas famílias, cruéis com seus inferiores. Vico interroga: o que estes aristocratas fizeram pelos comuns, exceto aumentar suas misérias pela guerra, afundá-los mais fundo nas águas dos juros e emparedá-los bem fechados em suas masmorras, como vis escravos? Quando qualquer nobre se permitiu o menor escrúpulo de aliviar esta pobreza? A oligarquia, cuja potência reside na riqueza e na força, não faz de um tudo para evitar o enriquecimento da plebe?

Qualquer semelhança com este país, com uma das maiores concentrações de renda do mundo nos bolsos de uma minoria e de uma casta política privilegiada, não é mera coincidência. A sociedade brasileira possui características das muito antigas nações bárbaras.

CONCLUSÃO

Nesta abordagem um tanto quanto fora dos padrões sobre o populismo, qual o fio de meada, o denominador comum, que pode ser construído?

Para tanto, precisaremos percorrer o texto de ponta cabeça, isto é, partir da arqueologia e chegar ao populismo contemporâneo. Quando a revisamos, o que encontramos?

Sem mais delongas, baixemos nossas cartas: o fio condutor de nossa investigação é a figura do Pai.

As narrativas de Freud, Totem e Tabu, e de Vico, A Sociedade Bárbara, coincidem na centralidade do papel social do Pai e os primórdios de uma sociedade basicamente patriarcal. Senão, vejamos:

A horda primitiva era dominada por um antropoide mais velho e mais forte. Começou por monopolizar a fêmea, ou várias delas, quando seu poderio era descomunal. Seus ciúmes levavam-no a estraçalhar os concorrentes, que ousassem invadir seu território e ameaçassem "roubar" sua propriedade sexual.

Quando foi estabelecida a interdição da promiscuidade no acasalamento, cada macho procurava ter sua própria fêmea.

Freud supõe que os primórdios da religião foi o totemismo, sendo o totem um símbolo do Pai. Isto porque houve um crime primitivo que constituiu a base do sentimento de culpa. Os irmãos, incomodados pelo monopólio das fêmeas pelo pai, se uniram, mataram-no e devoraram sua carne. Como narramos, o violento e tirânico pai constituía, seguramente, o modelo invejado e temido e ao fazê-lo (canibalismo), se identificaram com ele e se apropriaram de uma parte de sua força.

Freud interpreta que nas manifestações de massa libera-se o "gênio" da horda primitiva, contido em seu inconsciente coletivo. No mesmo raciocínio, o líder da multidão, que tem o condão de conduzi-la, seria uma "reencarnação" do arquétipo do pai todo poderoso.

Vico, em sua reconstituição dos primórdios da Humanidade, descreve o mito de Júpiter (Zeus), a invenção do primeiro deus dos homens. Era considerado o soberano e o pai dos homens e dos reis, o Senhor do céu, dos trovões e raios; daí seu título de "todo-poderoso" e de "salvador".

Esta projeção imaginária dos bárbaros traduziria a estrutura das primeiras famílias, nas quais o pai era o rei e o sacerdote da monarquia doméstica. Seu perfil era de ser ignorante, orgulhoso, narcisista, avaro, duro. Quando, ameaçados pelas rebeliões dos escravos, os pais das famílias isoladas se uniram para constituir um embrião de estado e um deles foi escolhido para defende-los. Era o esboço do rei dos patrícios.

Os pais ou heróis acreditavam ter uma origem divina, daí o mito de se considerarem verdadeiros deuses. A denominação "populus" significava a ordem dos patrícios; os plebeus estavam excluídos. "Pátria" era "res patrum", propriedade de alguns mestres. Fizeram um pacto de serem os inimigos perenes da plebe. Esta ordem aristocrática era cruel com os escravos ou plebeus. Pode-se constatar como o uso da palavra "povo" tem raízes bem remotas e nada mais era que a "res patrum" dos sucessores dos monarcas domésticos.

Pulemos agora, num salto de muitos séculos, para o turbilhão da Revolução Francesa. O quadro da monarquia derivava de uma matriz teológica-política. Era de natureza dupla: uma instância secular e um representante de Deus. O monarca exercia uma potência soberana sobre um território.

O regicídio de Luiz XVI não repetiria o mito arcaico da união dos irmãos para matar o pai? Foi então que os jacobinos, influenciados pela doutrina de Rousseau, inventaram o mito do "Povo-Rei", a nova soberania do lugar vazio do monarca decapitado. Todavia, o poder é incompatível com o vácuo, ou com uma abstração. O trono, lugar simbólico do Pai, foi apropriado pelo Imperador Napoleão, o modelo pregresso inconsciente dos futuros presidentes.

A invenção da democracia moderna estabeleceu o "Povo" como o depositário original da soberania, que a transfere integralmente ao governante, escolhido, periodicamente, pelo sufrágio universal. Seria mais preciso dizer que a cede ou se aliena. O presidente, como já afirmamos reiteradas vezes, ocupa o lugar do antigo monarca, inclusive com as bênçãos de Deus. No inconsciente coletivo, é a encarnação do arquétipo do Pai.

Neste jogo, com regras estabelecidas nas constituições, como entender a função do populista ou agente desestabilizador da democracia?

A relação entre o demagogo carismático e "seu povo" é de mão dupla. O essencial é que esta dinâmica ocorre no plano imaginário, como nas sociedades primitivas. O personagem tem duas naturezas: a mundana e a divina. É um líder político voltado para "os de baixo" (Getúlio era o "pai dos pobres") e investido de uma condição divina: o escolhido de Deus, o "Messias tropical" (Lopez Obrador). A mistura de religião com política é típica do populismo latino-americano. No caso de Lula, a "unção" foi providenciada pelos padres da Teologia da Libertação. Esta construção regressiva remete à condensação de pai primitivo, mágico e enviado de Deus. A massa o idolatra e o segue cegamente, num registro irracional. Tem a capacidade de magnetizá-la pelo seu carisma, num primeiro tempo para um plebiscito eleitoral, num segundo, para sua legitimidade consensual e num terceiro, para se perenizar no cargo. O populista apega-se, torna-se viciado no poder. Visa o governo de Um. É o Pai abusivo, sem limites.

Este caráter decifra sua verdadeira natureza, que pode ser resumida numa fórmula. Hobbes, em sua doutrina política, remete todas as paixões do homem a uma primordial: *o desejo por "poder e de cada vez mais poder"*. Em que esse proporciona os meios para atingir o bem-estar ou o objeto dos desejos (Leviathan, pp.35,41).

Os exemplos históricos abundam na América Latina. Citemos dois, que morreram ainda caudilhos: Fidel Castro e Hugo Chávez. Alcançaram em vida o verdadeiro objetivo dos populistas: viver "colado" ao poder. Recorde-se a frase de Getúlio, em seu testamento político antes do suicídio: "Saio da vida para entrar na História". Lida com as lentes da hipótese enunciada significa "Só saio daqui morto."

Este objetivo último, perenizar-se no poder, pressupõe corroer as instituições da democracia: o essencial é que ela proíba aos governantes de se apropriar, de se incorporar o poder.

Os populistas são o "ácido sulfúrico" da democracia, para usar uma metáfora própria das sociedades bárbaras, perdidas no tempo. A América Latina as revive numa repetição ("ricorso" de Vico).

REFERÊNCIAS

1. HOBBES. *Leviathan.*

2. LEFORT, C. *La question de la Démocracie.*

3. FAORO, R. *Os Donos do Poder.*

4. WEBER, M. *Economia e Sociedade.*

5. FLORA, F. *Lula e o PT: da esperança ao feijão-com-arroz.*

6. FLORA, F. *O sujeito oculto do lulopetismo e dos movimentos sociais.*

7. BETTO, Frei. *Lula, biografia política de um operário.*

8. REALE Jº, M. *Mais Messias que Jair*, Estado de S. Paulo, 01 de junho de 2019.

9. NOGUEIRA, M.A. *Fumaça, Ruído e Desertos,* Estado de S. Paulo, 25/05/19.

10. CARLYLE, T. *"Sobre Heróis: o heroísmo e a veneração do herói na história"*

11. MORSE, R. *El espejo de Próspero.*

12. KRAUSE, E. *Coriolano de Shakespeare, o antipopulista trágico.*

13. MIR, L. *Brasil, brasileiros. Por que somos assim?* cap. X, p.223.

14. KRAUSE, E. *El Pueblo soy yo.*

15. KRAUSE, E. *Anatomía del poder en América Latina.*

16. MAQUIAVEL. *Comentários sobre a primeira década de Tito Lívio.*

17. LLOSA, M.V. *O populismo mexicano*, O Estado de S. Paulo, 02 de junho de 2019.18.

18. FREUD. *Totem e Tabu*, vol. II, pp. 419-507, 1913

19. FREUD. *Psicologia da Massas* (Vol. I, pp. 1119-1157, 1921),

20 . VULLIAMY, E. *Maradona and Naples created an unearthly and sometimes dark magic. I was there.* The Guardian, 07/06/2019.

21. KOHUT, H. *Sobre a liderança,* em Psicologia do Self e a Cultura Humana.

22. VICO. *Scienza Nuova",* Livro Secondo.

23. CROCE, B. *The Philosophy of Giambattista Vico.*

A CONSTRUÇÃO DE "LULA", O DEMAGOGO, E DO PT

A Proto-história

Iniciemos a reconstrução da gênese do PT com o testemunho do sociólogo José de Souza Martins, que faz pesquisa da história regional do ABC paulista há mais de 45 anos. Na sua concepção, o ABC, subúrbio de São Paulo, é o cenário de gestação e afirmação social e política da classe operária moderna no Brasil ("*O ciclo faltante: interrogando o historicamente ilógico*", *A aparição do demônio na fábrica*, [2008] pp.181-213)[2]. Transgredindo com as interdições ideológicas, este intelectual recupera as condições históricas do aparecimento e da ação na região do que chama partidos sociais, como o PTB de Getúlio Vargas, o PCB e o PT.

A classe operária do ABC sempre foi religiosa e sobretudo católica. O operariado era varguista, "admirando em especial o Getúlio do Estado Novo". O pesquisador destaca, na fase de agonia do getulismo, a importância da função histórica da Igreja Católica na região. A criação da Diocese, nos anos 50, e a nomeação do seu primeiro bispo, Dom Jorge Marcos de Oliveira, são as referências iniciais. Souza Martins é incisivo: "O PT não se reconhece hoje como obra remota de Dom Jorge, embora seja." Qualifica o Partido dos Trabalhadores como "o nosso partido popular católico", fruto de um trabalhismo cristianizado de base sindical.

Tristão de Ataíde era o líder do catolicismo intelectual brasileiro (Villaça A. C., *O pensamento católico no Brasil* [2006]pp.175-200)[3]. Sua obra foi marcada por uma tríplice perspectiva: o movimento litúrgico, o tomismo e a Ação Católica.

Opunha a fidelidade aos princípios do cristianismo autêntico ao comunismo.

Dom Jorge se deparava na região com o Partido Comunista, materialista e anticlerical. Estimulou, inspirado na Doutrina Social da Igreja (caridade, ação pastoral), a participação dos jovens operários nos sindicatos e o surgimento de um partido político anticomunista. Era também influenciado pelo trabalhismo de Vargas, ideologia elitista de emancipação e ascensão social da classe trabalhadora. Vale lembrar suas características nacionalistas, populistas, paternalistas e autoritárias, além do corporativismo. Assim, o PT, em sua proto-história, tem "genes" de ideologias nem sempre convergentes.

Procuremos esmiuçar esta composição, dividindo-a em três componentes: a ação da Igreja, do sindicalismo e da intelectualidade e dos grupos de esquerda.

1. O papel da Igreja:

Comecemos com uma afirmação polêmica: embora Lula e os sindicalistas sempre estivessem no foco das atenções na criação do Partido dos Trabalhadores, todas as evidências apontam para a Igreja Católica como "um fator decisivo tanto na formação como no crescimento posterior do PT" (Rodrigues, L. M. *Partidos e Sindicatos*, [1990] pp.7-33)[4].

É impossível justificar esta tese sem abordar o verdadeiro "abalo sísmico" na tradição da Igreja Católica Romana provocada pela Teologia da Libertação, cujo desfecho foi a saída do teólogo franciscano Leonardo Boff de seu seio. Desde a Reforma Protestante não houve tão intensa contestação interna ao poder da Igreja.

Dois eventos fizeram história na instituição: o Concílio Vaticano II (1962-65) e a Conferência Episcopal Latino-Americana de Medellín (1968). Não se pode deixar de mencionar a importância histórica para o continente da Revolução Cubana em 1959, estimulando a luta armada e o socialismo.

Para o sociólogo Michael Löwy, autor de *A guerra dos deuses: religião e política na América Latina*,[5] o resumo em uma única fórmula da idéia central da teologia da libertação seria a expressão "a opção preferencial pelos pobres".

Os outros princípios básicos deste discurso religioso radical são: a) a luta contra a idolatria (o bezerro de ouro, o mercado); b) a libertação humana histórica como a antecipação do Reino de Deus; c) uma crítica da teologia dualista tradicional, reunificando a história divina e humana conforme a tradição bíblica; d) uma nova leitura da Bíblia, com destaque para o Êxodo, exemplo de luta de um povo escravizado por sua emancipação; e) o uso do marxismo como instrumento sócio-analítico; f) uma forte crítica do capitalismo dependente como sistema injusto e iníquo; e g) uma nova sociabilidade através do desenvolvimento das comunidades eclesiais de base (Löwy).

A Teologia da Libertação expressa valores da tradição comunitária pré-moderna (a unidade perdida do tribalismo, o messianismo), é herdeira da rejeição ética do capitalismo pela Igreja e possui um Romantismo revolucionário (Löwy), com a visão de um futuro utópico como a dos marxistas Ernst Bloch[6] e José Carlos Mariátegui.

Esta criação de uma nova cultura religiosa mudou a sociedade brasileira com a organização de novos e grandes movimentos sociais e políticos como o Partido dos Trabalhadores, a Central Única dos Trabalhadores e o Movimento dos Sem-Terra. A liderança carismática de Lula, secundada por estes potentes organizadores sociais, chegou ao poder e provavelmente encerrará um ciclo da história da esquerda e dos trabalhadores da região do ABC.

2. O sindicalismo:

Lula, o ferramenteiro, foi o líder do Sindicato dos Metalúrgicos de São Bernardo do Campo e Diadema nos anos de chumbo da Ditadura, conduzindo com sucesso as campanhas salariais e as grandes greves do movimento operário.

Ingressou como suplente na eleição de 1969 do sindicato, por indicação de seu irmão, Frei Chico, ligado ao PCB (Betto, Frei *Lula: biografia política de um operário* [1989] 80 pp.)[7]. Fez carreira dentro do aparelho sindical corporativo até se tornar político. Habituou-se, como membro nova geração de sindicalistas, a negociar com os empresários, com os quais mantinha relações menos antagônicas do que com os militares.

É importante ressaltar que a nova Constituição de 1988 "nada mais fez do que reforçar o sindicalismo corporativo, embora o tornasse mais independente dos poderes públicos" (Rodrigues, L. M. Partidos e Sindicatos [1990] p 14.).

O modelo sindical corporativo, implantado por Vargas nos anos trinta, revelou-se uma das instituições mais estáveis da sociedade brasileira, comenta Leôncio Rodrigues. Sobreviveu a várias mudanças de regime como o Estado Novo, o nacional-populismo e o militar. Como se explica? Nosso autor, escrevendo sobre o sindicalismo corporativo no mesmo livro, recupera suas raízes na influência da "intelligentsia" nacional, membros da seção Brasil do grupo francês "Clarté", constituído em 1921. Os intelectuais deste grupo interessavam-se pela proteção ao trabalho, eram hostis ao capitalismo e à economia liberal, e favoráveis a um Estado forte e centralizado. O Estado Novo só reforçou estas tendências ideológicas pré-existentes. Tudo isto concorrendo para o crescimento e domínio da burocracia estatal de 1930. Deduz o sociólogo que esta identificação entre o reforço do poder do Estado e a organização corporativa do trabalho talvez explique a longevidade do modelo.

Neste mergulho nas raízes políticas e sociais da civilização brasileira torna-se imperiosa a referência a Raymundo Faoro e sua ênfase na persistência secular da estrutura patrimonial e de seu núcleo dirigente burocrático (*Os Donos do Poder: formação do patronato político brasileiro*)[8].

Retomando o fio da meada, a nova geração de dirigentes dos sindicatos oficiais lança a proposta de formação do PT no XI Congresso dos Metalúrgicos de Lins (SP), em 1979.

José de Souza Martins, em artigo já citado, conclui: "De fato, o PT firmou-se predominantemente e acima de tudo como um partido sindical. No poder, dificilmente se expressará como partido de esquerda e dificilmente confirmará esse destino possível de novo sujeito político que havia em suas origens" (p.192).

3. A intelectualidade e os grupos de esquerda:

Pode-se dizer que o traço de união entre a alta intelectualidade da sociedade brasileira e os grupos de esquerda na origem do PT é o pensamento marxista - e suas várias correntes como a leninista, a trotskista, a maoísta ou a gramsciana.

O marxismo está bem "vivo" na América Latina devido ao atraso, à dependência econômica, à pobreza, à exploração dos trabalhadores, à concentração de renda. Oferece um sistema articulado de conceitos que permite interpretar esta realidade e uma proposta radical de solução.

A maioria dos intelectuais envolvidos na criação de um partido popular era de São Paulo, ligados ao Cebrap (Centro Brasileiro de Análise e Planejamento), Cedec (Centro de Estudos de Cultura Contemporânea) e das Universidades (Unicamp, Usp e Puc). Pode-se citar, entre outros, Francisco Weffort, José Álvaro Moisés, Roque Aparecido da Silva Fábio Munhoz, Francisco Oliveira, Paul Singer e Vinicius Caldeira Brandt (Meneguello, R. *PT: a formação de um partido* [1989] p.61[)9]. A participação da intelectualidade foi significativa para o desenho do perfil partidário.

No caso das organizações de esquerda, utilizando a mesma fonte, pode-se citar a Convergência Socialista, de tendência trotskista, o Mep (Movimento de emancipação do proletariado), dissidência do PCB, o Libelu (Liberdade e Luta), organização estudantil, Ala Vermelha e PRC (Partido revolucionário comunista), dissidências do PC do B, membros da AP(Ação Popular), da Polop (Política operária), o Secretariado Unificado, tendência trotskista e membros da AP(Ação Popular). Uma parte destes militantes era egressa da luta armada dos anos 60, portanto de perfil ideológico dogmático.

Este caldo de cultura composto por marxistas e católicos, acabou decantando no acordo sobre formas legais de luta para visando a "construção de uma sociedade socialista", presente desde a fundação do partido dos trabalhadores, em 1980, e jamais renegada.

A Teologia da Libertação como sujeito oculto do lulopetismo

Este artigo é uma interpretação do fenômeno político do lulopetismo como tendo suas origens remotas no catolicismo, mais precisamente em sua vertente denominada Teologia da Libertação (TL). Foi esta ideologia que semeou os grãos (sementes) da plantação que Lula e o PT colheram, conquistando o poder por mais de uma década.

A famosa formulação de Weber pode ser aplicada aqui: visões do mundo definidas ideacionalmente, como o manobreiro ferroviário, muitas vezes determinam por quais trilhos "a ação é arrastada pela dinâmica do interesse".

A miragem romântica que é a Teologia da Libertação e trouxe graves consequências para o país, na medida em que o colocou nos *"trilhos"* (nas *"garras"*) do lulopetismo.

Através principalmente do testemunho de Frei Betto - frade dominicano, teólogo da libertação e assessor de movimentos sociais-, colheremos as evidências de que a Teologia da Libertação foi o sujeito oculto na origem do lulopetismo e dos movimentos sociais. Facilitou-o na prática (através dos agentes de pastoral), instalou as *vigas*, por assim dizer.

Frei Betto conta sua história em um dos seus muitos livros. A luta armada fracassara no Brasil e o movimento popular ascendia. Foi convidado a engajar-se na pastoral popular e ajudar a organizar Comunidades Eclesiais de Base. "Nós, agentes de pastoral, tínhamos a nosso favor a linguagem religiosa... Era a linguagem popular, essa matéria-prima que tece, em categorias religiosas, a ideologia mais elementar, e nem por isso menos crítica e revolucionária". Multiplicou-se a militância das Comunidades Eclesiais de Base: quase cem mil núcleos em todo o Brasil.

A greve dos metalúrgicos do ABC, em 1979, convocada por Lula, presidente do sindicato "autêntico" da categoria, foi um episódio emblemático da aliança com a Igreja. Segundo o relato de Nêumanne, o conflito no Paço municipal de São Bernardo entre os trabalhadores e a polícia foi resolvido com a interferência pessoal do bispo de Santo André, dom Cláudio Hummes. "Foi por ordem dele- e atendendo a um pedido do cardeal arcebispo de São Paulo, dom Paulo Evaristo Arns- que um frade dominicano, Carlos Alberto Libânio Christo, o Frei Betto, se tornou uma espécie de *eminência parda* do líder metalúrgico desde aquelas greves históricas."

Em carta, reproduzida em seu livro *"Calendário do Poder"*, Frei Betto conta: "Em 1980, Lula e eu fundamos a Anampos (Articulação Nacional dos Movimentos Populares e Sindicais), que foi a 'mãe' da CUT e da Central de Movimentos Populares. Ajudei a organizar o Fundo de Greve dos metalúrgicos de São Bernardo do Campo e Diadema, e me virei no exterior para obter recursos que possibilitaram o congresso de fundação da CUT, em 1983. Indiretamente, ajudei a tornar o PT um partido com capilaridade nacional". Refere-se à mobilização das CEBs na constituição do PT. O que Boff confirma quando afirma que a Igreja da Libertação colaborou na sua formulação e na sua realização nos meios populares.

O Partido dos Trabalhadores fora fundado em 10 de fevereiro de 1980. O historiador Lincoln Secco citou uma pesquisa com uma amostra de militantes do PT no Primeiro Congresso (1991) mostrando que, na época de sua filiação, somente 10.4% dos entrevistados haviam pertencido a grupos marxistas de extrema esquerda. Conclui o autor: "*as CEBs* e o novo sindicalismo foram os dois vetores sociais mais significativos da formação do PT (...). Socialmente, a base mais importante do PT depois dos operários de empresas multinacionais e do sindicalismo de funcionários públicos foi, seguramente, a Igreja Católica. Sua influência popular era extensa através das Comunidades Eclesiais de Base (CEBs) que se multiplicaram nos anos setenta por causa da repressão sobre outras organizações populares... O semanário *O São Paulo* da Arquidiocese de São Paulo defendia um partido popular na época da fundação do PT."

Lula, um dos fundadores do PT, "sempre fez questão de frisar que as Comunidades Eclesiais de Base tiveram *mais importância* na organização do partido em todo o território nacional do que o sindicalismo, que foi a escola dele", segundo Frei Betto.

O Frei dominicano assim entende Lula: "Encarar Lula pela ótica ideológica, antes de enfocar-lhe a extração social, é inverter os termos da equação política. Ele procede do sindicalismo que desafiou a ditadura; das Comunidades de Eclesiais de Base e da Teologia da Libertação; da esquerda (des)armada e das oposições sindicais; da CUT e do MST; e do agravamento da crise social brasileira. Lula é o que restou da esquerda orgânica após a queda do Muro de Berlim que, em1989, derrubou também o mundo bipolar".

A percepção de Boff é semelhante: "Na América Latina, são muitos os que chegaram ao poder político confessando-se membros do cristianismo de libertação. O presidente Lula, em suas várias participações nos encontros multitudinários do Movimento Fé e Política o têm repetido muitas vezes que se inscreve na Igreja de Dom Hélder, de Frei Betto e dos teólogos da libertação".

Para o intelectual orgânico religioso, a chegada de Lula à Presidência foi "algo fundamental na história brasileira: a nossa primeira revolução popular, democrática e pacífica conquistada no voto... Não ocorreu apenas a alternância do poder, mas uma alternância de classe social. Um representante dos 'lascados', e sempre colocados à margem, chegou ao mais alto cargo da nação como fruto do PT, de aliados e de grande articulação de movimentos sociais e sindicais, continuado por Dilma Roussef".

Löwy menciona que Frei Betto foi designado pelo Presidente Lula para dirigir o Programa "Fome Zero", após a vitória do candidato do PT em 2001. O dominicano considerava o Fome Zero como a melhor proposta do governo. Frei Betto deixou o governo após dois anos.

Demétrio Magnoli, no artigo "Bolsa e Vida", escreve que no esquema do Fome Zero, sob o amparo estatal, pequenos produtores locais forneceriam os alimentos para a mesa dos pobres. O experimento utópico do Fome Zero nem decolou e o Bolsa Família surgiu de seus escombros. Lula promoveu o giro pragmático que conduziria à unificação dos programas de transferência de renda no Bolsa Família. Encampou o objetivo abrangente de redução da pobreza por meio de políticas focadas de transferência de renda (Banco Mundial) e instrumentalizou o Bolsa Família para ancorar eleitoralmente seu sistema de poder.

Esta instrumentalização da pobreza leva a evocar as considerações do historiador Paul Johnson sobre o mundo moderno, iniciado para ele em 1919, após o final da Primeira Guerra Mundial. Cita as premonições de Nietzsche que no lugar da crença religiosa haveria a ideologia secular. E o autor prossegue: "*a Vontade de Poder* produziria um novo tipo de messias, sem as inibições de quaisquer sanções religiosas e com um apetite insaciável para controlar a espécie humana". O surgimento destes tipos de líderes, com a queda da antiga ordem do mundo, Johnson denomina "*gangster-statesmen*". A ascensão desta nova espécie de estadista teria começado com Lênin, seguido por outros, como Mussolini, Hitler, Stalin e Mao.

Para Frei Betto, em seu "A Mosca Azul", o PT vestiu a camisa (*casaca*?) do poder e despiu a camiseta dos movimentos populares. Em sua opinião talvez este tenha sido seu principal erro: abandonar a rede de apoio dos movimentos populares, que construíram o partido e lhe deram legitimidade e representação.

Aqui se impõe a reflexão de Max Weber sobre a ética religiosa da fraternidade: "o cristão age corretamente e deixa as consequências da sua ação para Deus."

Esta ética de convicção não exime a Teologia da Libertação de sua responsabilidade histórica com os rumos que tomou o país."

LULA, O MITO.

A corrupção, a impunidade, a violência e o desgoverno são reveladores do estado de anomia do país. Os diferentes escândalos, como o do "mensalão", não atingiram Lula.

Por que é blindado? Como um governante despreparado como ele chegou ao poder?

A resposta pode parecer simples: porque Lula é um mito.

Ao longo deste estudo, vamos demonstrar que é favorecido por uma herança cultural arcaica, submersa no inconsciente coletivo da sociedade brasileira.

Encarna o arquétipo do herói e salvador, que existiu desde sempre. Com seu carisma e seus atos teatrais encanta e manipula as massas.

Lula enredou-se em duas narrativas míticas entrelaçadas: a revolucionária e a mística.

Como operário metalúrgico, líder sindical e do Partido dos Trabalhadores, foi investido da força simbólica sagrada do mito revolucionário. Exprime o sonho romântico e regressivo de uma idade de ouro pré-industrial qualquer, a nostalgia de uma comunidade primitiva, de uma fraternidade tribal. O herói conduzirá a nação até este "jardim da infância" humano, onde haverá abundância para todos, sob o reino do pai justo e bom. No Manifesto do Partido, lê-se: "construir uma sociedade igualitária, onde não haja explorados nem exploradores". É o projeto de sociedade democrática e popular, o socialismo.

A revolução e a crença mística criam a esperança do reino dos pobres, "herdeiros" do reino vindouro, a Terra Prometida.

Muito mais poderoso, na sociedade brasileira, é este mito messiânico. É daí que Lula extrai toda a sua couraça sagrada. Um dos ideólogos da costura desta justaposição, - involuntária, certamente-, foi frei Betto. Tomemos, por exemplo, seu livro "Lula, biografia política de um operário". O amálgama entre o torneiro mecânico e o Messias começa na origem humilde do primeiro. Lemos aí que "nasceu no Nordeste... numa família de lavradores confinada a uma precária economia de subsistência. Sua trajetória familiar coincide com a de inúmeros nordestinos que, expulsos da terra pelo latifúndio ou condenados à fome pela 'indústria da seca'...viajaram treze dias num 'pau-de-arara' na esperança de um futuro melhor...No litoral paulista...tornou-se vendedor ambulante...foi morar com a mãe e os irmãos num apertado cômodo nos fundos de um bar, cujo único banheiro era partilhado pela família e pelos bêbados. Seu primeiro emprego, aos doze anos, foi numa tinturaria...e, aos quatorze anos ingressou numa metalúrgica..." No imaginário social, -não há fatos comprovados-, o Salvador teria nascido numa manjedoura e sido artesão, antes de se tornar o pregador carismático. Esta origem humilde destinou-os a personificarem os salvadores dos pobres e dos oprimidos, dos fracos, dos necessitados, dos enfermos, dos excluídos, "daqueles que não têm voz". A "classe trabalhadora" que chegou à presidência, através de seu líder máximo, representa os segmentos populares constituídos pelos "operários industriais, assalariados do comércio e dos serviços, funcionários públicos, moradores da periferia, trabalhadores autônomos, camponeses, assalariados rurais, mulheres, negros, estudantes, índios e outros setores explorados e marginalizados da sociedade brasileira (...)." O herói salvador venceu o demônio, isto é, "os donos do grande capital".

Vamos citar outra superposição de imagens entre Lula e a

vítima sagrada. No discurso que pronunciou à Nação para dar explicações sobre o "mensalão", Lula afirmou que foi traído pelos companheiros. O célebre quadro da "Santa Ceia" imortalizou a figura do traidor Judas, com as trinta moedas...

Analisemos agora as bolsas, - programas sociais iniciados pelo famoso "Fome-Zero"-, que sustentam a população de baixa renda (os pobres), transformando-a na maior clientela do Estado (cerca de 46 milhões de pessoas). No discurso místico trata-se do sinal do maná, "o verdadeiro pão que vem do céu"(6, 32-33). O antropólogo Marcel Mauss escreveu um ensaio sobre a dádiva, em que analisa as mais antigas relações de troca nas sociedades. Um dos exemplos que cita é o "dom" (potlatch), que quer dizer, essencialmente, dádiva e alimento. Estabelece-se uma forma arcaica de contrato, em que o presente recebido é obrigatoriamente retribuído. A dádiva implica necessariamente a instalação de crédito. O potlatch é mais que uma troca: é um fenômeno religioso, mitológico e xamanístico, "pois os chefes que nele se envolvem representam, encarnam os antepassados e os deuses(...)". O que é dado tem a obrigação de ser retribuído. Em outras palavras, a clientela cativa de Lula deve continuar retribuindo, e com juros. Não foi à toa a enorme diferença na votação da reeleição...

O cargo de presidente, no Brasil, é investido de forte carga emocional inconsciente. Na evolução histórica recente, ungiu-se de uma áurea sagrada, devido ao que Mauss estudou como sistema sacrificial. Getúlio Vargas, "o pai dos pobres", deixou um manuscrito em que declarava "que o sangue de um inocente sirva para aplacar a ira dos fariseus". Tancredo Neves, oriundo da mesma terra de Tiradentes, teve uma longa agonia. Remetem à figura da vítima ancestral do sacrifício primitivo, o cordeiro pascal. Estes sacrifícios mortais de presidentes forneceram os elementos de um simbolismo sobrenatural ao papel social. Lula se beneficia deste cordão consagrado na crença popular. Aos olhos do povo, chega a ser um verdadeiro sacrilégio vaiá-lo...

Um líder sindical metalúrgico, dotado de forte carisma, conduziu greves operárias no final do regime militar, tendo sido preso na época (1980). Nasceu, assim, o mito Lula, fabricado pelos teólogos da libertação, pelos intelectuais de esquerda, pelos publicitários e pela mídia.

Este mito reverberou fundo na alma nacional, na presente contingência histórica. A sociedade brasileira encena, através dele, sua natureza profundamente cristã.

Rezemos para que o final do drama não seja mais trágico do que já está sendo.

LULA NO PODER

Em 1926, o pensador espanhol José Ortega y Gasset escrevia: "Há um fato que, seja para o bem ou para o mal, é o mais importante na vida pública européia do momento. Esse fato é o advento das massas ao pleno poderio social. " (*A Rebelião das Massas*)[10]. Getúlio Vargas, pouco antes de sua morte, em discursos em janeiro de 1954, conclamava a classe trabalhadora para que se preparasse para a tarefa de governar.

O Brasil tinha 30 milhões de habitantes em 1920 e chegou a 177 milhões em 2002, ano da eleição do operário metalúrgico Lula para presidente da República. Quanto à incorporação do povo na política, até 1945, votavam 5% da população contra 66% em 2002. O historiador José Murilo de Carvalho exprime sua ironia: "A República, afinal, ganhou o povo que lhe faltava" (artigo na revista "Veja", edição comemorativa dos 40 anos).

Quanto ao empenho em vencer, após a derrota nas eleições de 1998, Lula e seus assessores organizaram o Instituto da Cidadania, fora da estrutura partidária. Permitia ao Lula tornar-se mais independente do PT, materializando sua maior projeção pública comparada com a do partido (Sader, E. *Taking Lula´s measure* New Left Review, 33, maio-junho 2005)[11]. Chegou-se a dois temas chaves para a nova campanha eleitoral: a prioridade do social (a futura campanha "Fome Zero"/ Bolsa Família) e a retomada do crescimento.

Após a ofensiva especulativa sobre o Real em 2002, houve uma mudança na campanha de Lula com uma adesão ao capital financeiro (manifesta na "Carta aos brasileiros") e, consequentemente, com o modelo neoliberal. Foram assegurados que seriam cumpridos todos os compromissos financeiros prévios. Não haveria renegociação da dívida externa, nem qualquer regulação do movimento do capital financeiro. O pagamento da dívida e a estabilidade monetária foram garantidos. Sader pontua que "a fisionomia do futuro governo Lula começava a se esboçar".

Organizacionalmente, o eixo da campanha estava centrado no publicitário Duda Mendonça, que configuraria a imagem pasteurizada "Lulinha, Paz e Amor", transformando em foto antiga aquela do líder sindicalista combativo do final dos anos 70 e tornando-o palatável para o eleitorado centrista e até de direita. Antonio Palocci, ex-prefeito da rica cidade de Ribeirão Preto (SP), era o "homem do candidato" responsável pelo programa econômico e José Dirceu, presidente do PT, prosseguia como o operador dos acordos políticos "realistas". O magnata da indústria têxtil, José de Alencar, foi convidado para ser o vice da chapa.

O corte de Lula com a trajetória do PT tornou-se ainda mais evidente com o anúncio da composição da equipe de governo, após a vitória na eleição com 61% dos votos no 2º turno. A nomeação mais significativa foi a de Henrique Meirelles, antigo executivo-chefe do FleetBoston Financial Group, como presidente do Banco Central.

A metamorfose de Lula em político brasileiro da "velha estirpe" só fez crescer com o exercício do poder. Bolívar Lamounier descrevia a possibilidade da reativação de um regime presidencialista-plebiscitário, abrigado no eclético texto da Constituição de 1988 (*Partidos e Utopias: o Brasil no limiar dos anos 90*)[12]. Era "a visão de uma organização institucional fortemente centrada na presidência, esta por sua vez carregada de certo sentido messiânico: de uma responsabilidade histórica no terreno do desenvolvimento e da reforma social, e, (...) detentora de uma legitimidade supostamente superior à do legislativo ou de qualquer outro poder da sociedade. Trata-se, sem dúvida, de um legado, ou precipitado histórico da era de Getúlio Vargas."

Este presidencialismo plebiscitário, essencialmente carismático, apoia-se num mandato direto das massas. O principal programa social do governo, o Bolsa Família, beneficia 11 milhões de titulares (sem dependentes), segundo pesquisa recente do Ibase.

Getúlio Vargas, o "pai dos pobres", era membro da elite agrária do país. Lula é um legítimo representante das massas, o operário que virou presidente. A eleição do símbolo máximo de sindic-alista propiciou uma mudança na composição social da Câmara dos Deputados, tornando-a mais popular e menos elitista (L. M. Rodrigues *Mudanças na Classe Política Brasileira* [2006] 182 pp.)[13].

As velhas "taras" da política brasileira estão "à solta": a dema-gogia, o fisiologismo, o caudilhismo, o populismo, a corrupção, o clientelismo, o paternalismo, o personalismo, etc.... Leôncio Ro-drigues conclui sua pesquisa com o prognóstico que "o correto funcionamento das democracias requer uma boa classe política, o que por sua vez necessita de um eleitorado mais qualificado capaz de selecioná-la". E acrescenta um advérbio: "precisamos ur-gentemente de uma boa classe política."

CONCLUSÃO:

Um tema recorrente no pensamento latino-americano é o contraponto civilização e barbárie desde que o argentino Sarmiento cunhou, em 1845 (*Facundo: civilização e barbárie*)[14].

Barbárie é anomia (na prática, ausência de "nomoi", de leis) ou impunidade, violência, desigualdade, servidão, pobreza, analfabetismo. Civilização é a modernidade, no rumo do ideal da sociedade "bem-ordenada", segundo a teoria do filósofo político americano John Rawls (*Justiça como equidade: uma reformulação*)[15].

Na perspectiva evolutiva do sociólogo Talcott Parsons, um país com estigmas de barbárie acentuados, ainda patrimonialista, estaria num patamar de modernidade anômala (*Sociedades; perspectivas evolutivas e comparativas*)[16].

O que este ensaio procurou demonstrar é que Lula e o PT tinham como projeto o poder. A ideologia alavancou-os e lhes permite se perpetuar no poder. Dão continuidade à hipertrofia do Estado, aparelho de dominação que finca suas origens no Absolutismo português. A sociedade civil está cada vez mais sugada por uma carga de impostos que prejudica seu dinamismo. O estamento burocrático continua onde sempre esteve, agora camuflado atrás de um mito. A barbárie, por outro lado, espraia-se....

Este ensaio foi a narrativa do acordar de um sonho. Era (mais) uma vez, uma esperança que virou decepção (ou caso de polícia).

NOTAS

1. Perry Anderson, *Jottings on the Conjuncture*, New Left Review, 48, November-December 2007.

2. José de Souza Martins, *A aparição do demônio na fábrica: origens sociais do Eu dividido no subúrbio operário*, São Paulo: ed. 34, 2008, pp.181-213.

3. Antonio Carlos Villaça, *O pensamento católico no Brasil*, Rio de Janeiro: Civilização Brasileira, 2006, pp. 175-200.

4. Leôncio Martins Rodrigues, *Partidos e Sindicatos: escritos de sociologia política*, São Paulo: Ed. Ática S. A., 1990, 152p.

5. Michael Löwy, *A guerra dos deuses: religião e política na América Latina*, Petrópolis, RJ: Vozes, 2000 272p.

6. Suzana Albornoz, *Ética e utopia*: ensaio sobre Enst Bloch, Porto Alegre: Movimento, 2006, 180p.

7. Frei Betto, *Lula: biografia política de um operário*, São Paulo: Estação Liberdade, 1989, 80p..

8. Raymundo Faoro, *Os donos do poder: formação do patronato político brasileiro*, São Paulo: Globo, 2001, pp. 819-838.

9. Rachel Meneguello, *PT: a formação de um partido, 1979-1982*, Rio de Janeiro: Paz e Terra, 1989, pp. 61-63.

10. José Ortega Y Gasset, *A Rebelião das Massas*, São Paulo: Martins Fontes, 2002, p.41.

11. Emir Sader, *Taking Lula´s measure,* New Left Review, 33, May-June 2005.

12. Bolívar Lamounier, *Partidos e utopias: o Brasil no limiar dos anos 90*, São Paulo: Edições Loyola, 1989, p.119.

13. Leôncio Martins Rodrigues, *Mudanças na Classe Política Brasileira*, São Paulo: PubliFolha, 2006, pp. 165-175.

14. Domingo F. Sarmiento, *Facundo: civilização e barbárie*, Petrópolis, RJ: Vozes, 1996, pp.19-59.

15. John Rawls, *Justiça como equidade: uma reformulação*, São Paulo: Martins Fontes, 2003, pp11-12.

16. Talcott Parsons, *Sociedades: perspectivas evolutivas e comparativas*, São Paulo: Livraria Pioneira Editora, 1969, p.48.

Sobre o Autor:

Fernando A. Mourão Flora é ensaísta, com mestrado no Instituto de Estudos do Desenvolvimento Econômico e Social (Universidade de Paris-I). Escreveu os seguintes ensaios: *A Barbárie Tropical, Lula e o PT: da esperança ao feijão-com-arroz, O sujeito oculto do lulopetismo e dos movimentos sociais, O espírito do Catolicismo e do Barroco na cultura brasileira, Democracia Participativa, A Libertação do Coronelismo, A Festa da Democracia e A Escola Desajustada.*